HISTOIRE

DE LA

CONSPIRATION DE 1816.

IMPRIMERIE DE P. BAUDOUIN,
Rue des Boucheries Saint-Germain, 38.

Didier:

HISTOIRE

DE LA

CONSPIRATION DE 1816:

DOCUMENS ET EXPLICATIONS

NOTES ET NOTICES SUR LES HOMMES QUI ONT FIGURÉ DANS CE GRAND DRAME,

suivis

Du Compte-Rendu du procès fait par *M. Simon Didier* au Journal de l'Isère, et de celui intenté par le pouvoir aux journaux reproducteurs de la lettre de M. SIMON DIDIER;

PAR B. SAINT-EME,

L'un des Auteurs de la *Biographie des Hommes du Jour.*

A chacun ses œuvres.

PARIS,

AUG. LE GALLOIS, ÉDITEUR; —

AU BUREAU PRINCIPAL, RUE DES BOUCHERIES-ST-G., 38,

— PILOUT ET Cie,

Rue de la Monnaie, 22;

1841.

Première Partie.

PRÉAMBULE.

Deux procès sont engagés :

Un fils réclamant pour la mémoire de son
père, indignement calomniée par un des
journaux du pouvoir, *le Courier de l'Isère*,
fait insérer dans la *Gazette du Dauphiné*
une lettre rectificative, qu'il avait en vain
adressée au journal calomniateur, et in-

tente à celui-ci une action judiciaire, en réparation de la calomnie dont il s'est rendu coupable ; —

Cette lettre, répétée aussitôt par six feuilles parisiennes, amène la saisie des journaux reproducteurs : —

Ainsi, procès à Grenoble, entre le fils de la victime de 1816 et un des organes du gouvernement: procès à Paris, entre les journaux de l'opposition et le ministère public : —

Ce dernier procès a pris, depuis, des proportions démesurées, attendu la saisie qui s'est faite de plus de quatre-vingts journaux des départemens, pour cause de reproduction de la susdite lettre.

Or, de quoi s'agit-il ?

M. Simon Didier, que nous avons vu et entendu, que nous reconnaissons pour homme de conscience et d'énergie, de religion et de vraie piété filiale, M. Simon Didier dit deux choses : —

D'abord, que son père n'a point voulu

établir une Jacquerie en 1816..., c'est à dire le caprice armé des mauvaises passions, le pillage, l'organisation du massacre facultatif, l'insécurité des personnes et des propriétés, le brigandage qui ne serait pas réprimé par la force ; —

Ensuite, que quand même son père, sans la participation du ...., avec lequel il avait passé, lui a dit sa mère, plusieurs heures en conférence avant l'explosion du complot, aurait voulu hisser ...., faudrait-il perdre les instrumens ....?

Voilà pour le procès de Grenoble.

Quant au procès de Paris, il est réduit à cette simple question : —

Les journaux reproducteurs de la lettre de M. Simon Didier ont-ils eu l'intention d'accuser le duc d'Orléans de participation au complot de 1816 ?

Evidemment, ces journaux n'ont été mus que par le sentiment de justice et d'équité qui avait guidé M. Simon Didier lui-même : —

Car aucun d'eux, en publiant la lettre de M. Simon Didier, n'a fait reproche au duc d'Orléans, de complicité dans la conspiration grenoblaise.

Au surplus, pourquoi M. Simon Didier n'a-t-il été entendu, dans l'instruction, qu'à titre de témoin ? —

Si la lettre est incriminable, c'est l'auteur de la lettre qu'il faut juger, non ceux qui l'ont publiée à sa prière.

D'ailleurs, rien dans la lettre ne saurait justifier le bruit qu'on en a fait, ni les nombreuses saisies à Paris et dans les départemens.

Ce qu'il faut croire, ce que le bon sens public comprendra sans doute de reste, c'est que le ministère a fait acte d'hostilité contre la presse indépendante, dont il serait heureux de se débarrasser à tout prix.

Dieu lui soit en aide !

Que le ministère ait eu tort de réveiller les souvenirs de 1846, pour ses membres et pour ses amis, cela est incontestable : — nous nous garderons, nous, de lui en faire reproche.

On savait mal l'épisode de 1846 : — ceux qui, par leurs fonctions, avaient pris part à la victoire, se renvoyaient, entre eux, de temps en temps, quelques mots de blâme que la France était inhabile à interpréter ; — aujourd'hui, une occasion s'offre de l'éclairer : — nous ne serons pas des derniers à en profiter, nous qui avons souvent rompu des lances sur la brèche.

Lorsque la Restauration, compromettant les intérêts du peuple et les siens propres, se faisait réactionnaire ; —

Qu'elle confiait le soin de ses vengeances à des ministres que la trahison et des passions honteuses lui avaient acquis, —

A des tribunaux extraordinaires qui se croyaient autorisés au mépris des formes légales, —

Elle excitait les colères et les haines ; —

Elle favorisait l'impatience des mécontens et les projets des ambitieux : —

L'esprit populaire était dans un état d'exaltation tel, au commencement de 1816, que toute espérance se trouvait encouragée, que toute tentative avait sa justification raisonnable.

C'est dans ces circonstances que le complot de Grenoble éclata : —

Des têtes furent mises à prix ; —

Des innocens, — reconnus innocens, — un vieillard, un enfant, rougirent de leur sang l'échafaud des vainqueurs ; —

Des recommandés à la clémence royale, — par les juges, par les maîtres de l'insurrection, — furent jetés au bourreau, en exécution d'ordre télégraphique : —

Toutes ces rigueurs, — tous ces excès de puissance, — devaient-ils servir à consolider le gouvernement une seconde fois restauré ? — Louis XVIII pouvait-il le penser, et, tout en se trompant, être à cet égard de bonne foi ? —

Ou bien, ce prince avait-il autour de lui, —dans la gestion des affaires de la royauté, — des hommes intéressés à n'accorder merci à aucun des vaincus, — à acheter, du silence de la tombe, un repos prêt à leur échapper ? —

Et puis,

Où sont les détails de l'événement ? — Qui en a réuni les faits et les actes ? — Quel est l'honnête homme, l'écrivain hardi, le patriote dévoué, qui s'est livré à une appréciation consciencieuse et sévère des différentes parties de ce grand drame, — cause et résultat, — caractère des complices et conduite des administrateurs, des magistrats improvisés, des ministres ?

Nul ne s'est occupé du soin d'établir et de discuter ce point important de notre histoire contemporaine ; d'y répandre la lumière de l'examen, par la puissance de la logique et l'étendue des recherches : —

Nous allons entreprendre cette tâche.

Tout ce que la Restauration a abandonné à la publicité des journaux ; —

Tout ce que des parties intéressées ont pu consigner dans des brochures ou dans des livres, et qui offre quelque valeur, —

Nous le donnerons.

Ne bornant pas là nos investigations, nous consulterons toutes les personnes qui ont été en position de recueillir des pièces ou des faits ; — qui ont été sur les lieux lors de la catastrophe; — qui ont connu les vaincus ou les vainqueurs ; — dont la mémoire, et leur amour pour la vérité historique doivent nous être d'un secours réel.

Nous ajouterons aux pièces et aux renseignemens que nous mettrons tous nos soins à nous procurer, *les documens et les communications que M. Simon Didier a bien voulu nous promettre.*

Et comme, dans des affaires de cette nature, on a besoin de connaître le principal personnage, celui qui fut le héros de l'entreprise, nous écrirons la vie entière de

Jean-Paul DIDIER, et nous commence
rons notre publication par ce travail cu
rieux, destiné à présenter sous son vérita
ble jour le chef d'un complot sur lequel o
n'avait jamais eu, jusqu'à Peuchet, qu
des données incertaines.

Historien de détermination et d'honneu
rigoureux, nous dirons tout ce que nou
savons, tout ce qui nous parviendra d'i
gnoré jusqu'à ce moment, — sans craint
et sans réserve : — car nous aurons cons
tamment devant les yeux cette devise d
notre livre : —

A CHACUN SES ŒUVRES.

Mais notre ouvrage serait incomplet, s
nous le limitions au récit de l'événemen
de 1816 : — le nom de Didier a reparu sur
la scène politique de 1841 : — le fils a
rappelé le père, la presse s'est emparée de
tous les deux. La presse, le père, le fils,
les insurgés de 1816, leurs juges et leurs
bourreaux, sont aujourd'hui traduits par-
devant l'opinion publique : il faut donc

que l'opinion publique soit à même de prononcer.

C'est pour ces motifs que nous rendrons compte du procès entre M. *Simon Didier* et *le Courrier de l'Isère*, et de celui que le gouvernement a intenté aux journaux indépendans des départemens et de Paris.

On verra s'il est permis à un fils de défendre la mémoire de son père, et si, en l'aidant, la presse qu'on dit libre a commis un acte punissable.

Le pays jugera à son tour.

A CHACUN SES ŒUVRES.

NOTICE

;UR LA VIE, LE CARACTÈRE ET LES OUVRAGES

DE

JEAN-PAUL DIDIER,

Né à Upie , département de la Drôme ,

en 1758.

***

Les premières impressions de la vie ne
e perdent jamais. J.-P. Didier fut élevé
ar le curé Combelle , son oncle , homme
eligieux, instruit , monarchiste , libéral ,
t il ne cessa jamais de préférer la
ionarchie à toute autre forme gouverne-
entale , ni de montrer les croyances de
on esprit et de son cœur : il acquit de la
cience, grâce à une intelligence étendue

constamment excitée par le travail et la réflexion.

Nous savons que J.-P. Didier conserva jusqu'à son dernier jour tendresse et reconnaissance pour le digne ecclésiastique qui avait préparé son avenir.

Reçu de bonne heure au parlement de Grenoble, ville où il avait fait de brillantes études, ses premiers pas dans la carrière du barreau furent marqués par des succès.

Mais la révolution s'annonçait. Toutes les âmes généreuses s'unissaient dans une même pensée de réforme, qu'éclairaient, que poussaient dans le peuple les discussions qui avaient lieu au milieu des réunions formées dans la plupart des provinces. Ami de Mounier et de Barnave, on vit J.-P. Didier avec eux, dans les assemblées politiques du Dauphiné, réclamer pour la société toute entière les améliorations politiques dont elle avait tant besoin.

Pourtant, le 10 août, la déchéance et le jugement du roi, les excès inséparables d'un grand mouvement populaire, le rendirent à ses premiers sentimens bourbonniens, et, lui, qui perdit sa tête dans une croisade, contre les Bourbons aînés, il rechercha alors avec courage le périlleux honneur de défendre Louis XVI. — Il fit imprimer une protestation avec le testament de ce prince. — J.-P. Didier ne fut jamais du parti le plus fort.

Après l'exécution de Louis XVI, il s'occupa d'abord de fédérer les départemens du Midi ; ensuite il rejoignit les insurgés lyonnais.

On comprend qu'un royaliste aussi dévoué ait pu se ranger parmi les combattans de Lyon, qu'il ait, par son exemple et par les proclamations qu'il rédigeait, exalté le courage des défenseurs de cette grande ville.

Lyon se rendit aux troupes conventionnelles, le 9 octobre, après soixante-dix jours de siége, et J.-P. Didier, dont la tête était mise à prix par les représentans Dubois-Crancé et Gauthier, se sauva dans les Cévennes à la faveur d'un passeport sous un faux nom. Il alla à Bordeaux, vint à Paris, et ne trouvant point de sûreté pour lui en France, il se rendit en Suisse et passa en Allemagne, où il retrouva ses deux beaux-frères, MM. Drevon, qui étaient attachés à l'armée des princes.

Ce fut pendant son émigration, ou plutôt son exil volontaire, qu'il composa sa brochure intitulée : *L'esprit et le vœu des Français.*

Rentré en France après cinq ans d'absence, il livra cette brochure à l'impression et à la publicité. Lorsqu'elle parut, tous les journaux s'en emparèrent et traitèrent l'auteur, resté inconnu, avec la plus chaleureuse indignation. — *L'Ami des Lois* du 17 thermidor an VII, 6 août 1709, s'exprma de la sorte :

«Nous dénonçons aux autorités publiques une brochure infernale, ayant pour titre : *l'Esprit et le Vœu des Français :* cette brochure, imprimée à Paris, est semée partout avec profusion ; elle prêche, d'une manière audacieuse, le retour de la royauté, elle promet le pardon à ceux qui, quoique coupables, se détacheront ostensiblement de la cause de la liberté ; chaque ligne de ce libelle est un blasphême contre la République. — Infâme écrivain ! nous ne voulons point de ton pardon, nous ne voulons pas plus te pardonner, toi ni les tiens !.... »

Ce petit pamphlet de trente-une pages fut réimprimé en 1814, avec une dédicace *à monseigneur de Barentin, chancelier ho-*

noraire de France, dans laquelle on lit cette note :

« Un grand nombre de personnes de « toutes les classes étaient instruites : celles « qni, comme je l'ai dit, dirigèrent ma « plume, les imprimeurs, distributeurs, « soit au-dedans, soit au-dehors, plusieurs « furent arrêtés, mais pas une indiscré-« tion, pas un moment de faiblesse ; et « voilà ce que peut l'amour du roi ! — La « persécution fut horrible, tous les exem-« plaires furent mis au pilon, ou brûlés ; je « n'en connaissais pas, lorsque le 25 avril « dernier, j'imprimai *l'Esprit et le Vœu* « *des Français*, sur la constitution.— Un « homme, dont le nom seul est un éloge, « M. le comte Charles de Juigné, vient de « me donner celui qu'il avait conservé « dans son château de Fontaine - Lava-« gane. »

Deux remarques : —

La première, c'est que J.-P. Didier était, en 1814, royaliste dévoué à *Louis-le-Dé-siré*, qualification qu'il donne à Louis XVIII dans sa brochure.

La seconde c'est que la première publication fut faite sous le Directoire, alors que la France était mécontente et disposée à subir tout changement qu'on lui eût offert.

Bientôt s'opéra cette révolution du dix-huit brumaire, qui viola des principes au profit de la gloire, et J.-P. Didier voulut profiter du calme et de la confiance qui semblaient renaître dans le pays pour tenter d'arranger ses affaires et celles de sa famille; car il avait peu de fortune, et les événemens révolutionnaires l'avaient fort gêné.

Cette occupation d'un intérêt tout personnel le conduisit à se charger des intérêts des autres : il ouvrit un cabinet de consultations rue et hôtel du Mail.

Ses relations s'étendirent. Il en usa pour obtenir la radiation de la liste des émigrés et la réintégration dans leurs biens des familles Juigné, Pracontal, de Belloy, d'Essertaux, Custine de Dreux-Brézé, Marcieux, Quinsonnas, Saint-Germain, Montalivet, etc.

Ses succès lui valurent des indemnités assez considérables pour le mettre à même de racheter, à Bourg-d'Oisans, le domaine des Sables, qui avait appartenu à la famille de sa femme.

Le concordat avait été signé, l'Église se réorganisait; mais il fallait expliquer au peuple les bienfaits de ces grandes mesures de saine politique et de morale; mais il fallait faire comprendre au gouvernement la nécessité de persévérer dans une aussi bonne voie : J.-P. Didier publia alors une brochure ayant pour titre : *Du Retour à la Religion*, qui eut deux éditions dans l'espace de six mois (1). L'auteur la dédia au premier consul. Voici sa dédicace :

A BONAPARTE.

« La victoire et la paix proclament votre nom sur tout le globe.

« La voix de la Renommée s'épuise à publier vos exploits.

« Celle de la reconnaissance bénit vos succès.

« Au milieu de ce concert d'éloges et d'actions de grâces, une voix céleste se fait entendre et vous dit :

« Examinez les faits, étudiez les causes ;

« et pendant que vous verrez les empires

« tomber presque d'eux-mêmes, et la reli-

(1) Paris, an X - 1802, in-8. de 75 pages.

« gion se soutenir par sa propre force, vous
« connaîtrez aisément qu'elle est la solide
« grandeur, et où un homme sensé doit
« mettre son espérance (1) »

Un royaliste, un bourbonnien adresser des éloges à Bonaparte ! — Qu'on n'en éprouve point de surprise. J.-P. Didier était l'homme du pays avant d'être celui d'un autre homme ou d'une opinion; et lorsqu'il voyait la France consulaire puissante et ramenée au calme, à l'industrie, à l'ordre, à la religion, il croyait devoir imposer silence à ses sentimens personnels. — Au surplus, ses intentions étaient droites et pures.

« Nous avons voulu prouver, dit-il, p. 8:
« Aux peuples, que la religion peut seule assurer la fortune et la vie des citoyens, et qu'elle est, dans ce monde, la source et le gage de toutes les propriétés ;
« Aux gouvernemens, qu'elle est l'unique et solide garantie de leur puissance ;
« A tous, que sans elle, il n'est que trouble, confusion, abîme et dissolution. »

(1) Bossuet, Discours sur l'hist. univ.

Et l'écrivain le prouva avec cette force de logique qui n'appartient qu'aux convictions sincères et profondes.

Il y a encore, dans cette brochure, quelques lignes à citer parce qu'elles peignent une pensée que ne cessa de caresser J.-P. Didier, haut industriel à la fois et socialiste.

« O vous! a-t-il écrit (p. 41 et suiv), à qui la Providence a départi les biens de la terre, que de bonheur vous pouvez y répandre!...

« Fertilisez vos terres, créez des jardins, faites des plantations magnifiques, ouvrez des canaux, des communications nouvelles, soignez vos troupeaux, appelez l'industrie, les productions étrangères, secourez l'indigent, relevez la chaumière du pauvre, ne récompensez pas toujours avec de l'argent, donnez quelquefois un champ à vos serviteurs fidèles, faites des propriétaires, veillez sur les mœurs, soyez l'arbitre des différends, l'appui, la consolation des familles, et vous éprouverez des jouissances inexprimables ! »

Enfin le vœu de toute la vie de J.-P. Didier fut en faveur de l'union des peuples par l'échange et l'industrie, par le principe de la *société une*; et ce vœu, on le retrouve dans cette brochure comme dans tout ce qu'il a écrit.

On a prétendu que les maximes du *Retour à la Religion* avaient été méditées avec le ministre des cultes Portalis, et que le consul avait dit, à propos de la publication anonyme de la première édition : *Quand on écrit ainsi, c'est une lâcheté de ne se point nommer.*

Nous ignorons si la première de ces assertions est exacte; quant à la seconde, elle présente beaucoup de probalités parce que, en effet, la seconde édition porte le nom de l'auteur.

Pendant son séjour en Dauphiné, il se fit tellement estimer, que ses concitoyens le nommèrent successivement membre du conseil municipal, du conseil d'arrondissement, du collége départemental et candidat au Corps Législatif. — Il accompagna plusieurs fois, en qualité de président, les députations envoyées au chef du gouvernement.

Ce fut dans ces occasions qu'il sollicita et obtint l'ouverture d'une route de communication entre la France et l'Italie, par Grenoble, Briançon, le Mont-Genèvre et

Turin (1); l'établissement à Grenoble d'une école de droit et d'une école d'artillerie; il obtint encore plusieurs décrets pour opérer le desséchement de vastes marais situés entre Lyon et Bourgoin : cette grande entreprise rendit à l'agriculture dix mille hectares d'un terrain précieux. — J.-P. Didier s'occupa également du canal d'irrigation de Pierre-Latte. Cette entreprise, poursuivie maintenant, doit féconder de vastes pays ; l'eau fait fonction d'engrais. — Il fut nommé, vers la fin de 1805, directeur de l'école de droit qu'il fit prospérer jusqu'à l'organisation de l'Université (mars 1808), époque à laquelle il donna sa démission.

Nous avons sous les yeux trois pièces imprimées qu'il ne nous est pas permis de passer sous silence.

La première est le procès-verbal de la prestation du serment des membres de l'école de Droit de Grenoble, qui porte la date

(1) Entre Bourg-d'Oisans et la Grave, il existe aujourd'hui une belle route de cinq cents mètres environ percée dans le rocher. Cette route fait gagner deux ou trois journées d'étape de Grenoble à Briançon, où l'on ne pouvait se rendre autrefois que par Gap et Embrun.

du 2 nivôse an IX (23 décembre 1805,) et renferme un discours de J.-P. Didier sur les études et les qualités nécessaires au jurisconsulte et au magistrat : ce discours est un morceau très remarquable sous le double rapport de la logique et des sentimens..

La seconde est le discours de clôture de l'année 1807, dans lequel J.-P. Didier traite de la justice sous ces deux rapports : la justice *universelle*, la justice *particulière*. — L'enchaînement, la lucidité des idées en font un travail que tous les hommes appelés à l'application, à la discussion des lois, devraient consulter et fixer dans leur mémoire.

La troisième est un Mémoire sur la route de Paris à Antibes, et de Genève à Marseille, par Grenoble, etc. — Cette route avait été commencée par le connétable de Lesdiguières ; on y travaillait encore en 1792 : il fallait faire sentir le besoin de l'achever suivant le tracé indiqué par le Mémoire. — La discussion était claire et habile : fut-elle suivie du succès? nous l'ignorons ; mais le Mémoire en était digne.

Il paraît que quinze mois avant de se

démettre de ses fonctions. J.-P. Didier avait voulu fonder un *Cercle de l'école de Droit*, où se seraient réunis professeurs, étudians et licenciés. — Une réunion eut lieu, le 5 janvier 1807, pour entendre le rapport du savant directeur de l'école. Il expliqua, dans le deuxième § de son discours, le but de l'association.

« Tout ce qui contribue, dit-il, à exercer les facultés de l'âme, à étendre l'instruction, à rendre l'application des principes plus facile, à diriger l'esprit, à former le cœur de la jeunesse, à établir au milieu d'elle des rapports agréables et utiles, à lui apprendre, à lui faire observer ces convenances sociales dont l'inexpérience méconnaît trop le prix ; tout ce qui peut former enfin *l'homme de bien qui sait bien dire* (1), doit enflammer le zèle des maîtres et l'émulation des disciples. »

J. P. Didier avait-il été forcé de donner sa démission ? nous croyons pouvoir l'affirmer : on l'accusait d'exercer sur les élèves une influence occulte peu en harmonie avec les devoirs de sa position.

Pourtant il n'en conserva pas moins des

(1) L'orateur est défini *vir bonus dicendi peritus.*

relations très utiles avec Cambacérès, le comte de Montalivet et quelques autres personnages importans, qui l'aidèrent sans doute à obtenir la concession des mines d'argent, plomb et fer qui existaient près de son domaine de Bourg-d'Oisans et dont l'exploitation n'était point terminée en 1814 (1).

Lorsque s'opéra le retour des Bourbons, dont la France ignorait complètement l'existence, J.-P. Didier se disposait à un voyage en Sicile.

Nous parlerons de ce voyage en annotant le récit de Peuchet.

Néanmoins il célébra avec enthousiasme la venue des princes de l'exil, et, marchant sur les traces de M. de Châteaubriand, il publia, dans ces premiers momens d'effervescence, une brochure intitulée : *A sa majesté Louis XVIII, roi de France, les Français ses fidèles sujets.*

Ce qui nous frappe dans cet écrit, ce ne sont pas les expressions de colère, de haine, de mépris contre le tyran Bonaparte ; c'est

____

(1) Ces mines avaient appartenues, avant la révolution, au comte de Provence, depuis Louis XVIII. Elles n'étaient pas très productives.

la réserve de l'auteur à ne nommer aucun des princes ramenés par la fatalité des événemens ; toute sa pensée est dans ces mots qui finissent sa brochure : *Vivent nos Bourbons !* — Cette remarque a sa valeur.

Louis XVIII récompensa ce zèle en nommant J.-P. Didier maître des requêtes, chevalier de la Légion-d'Honneur et conseiller à la Cour de cassation. — Il refusa la dernière de ces positions. Au Conseil il émit des opinions qui déplurent aux ministres.

Au 20 mars 1815, il refusa de suivre le roi à Gand ; mais il n'accepta point de fonctions pendant les Cent-Jours.

Qu'on lise les discussions de la Chambre des Députés des Cent-Jours : on y trouvera un enseignement qu'on chercherait vainement ailleurs : — c'est tout une explication qu'il ne nous convient pas de donner ici.

Après le désastre de Waterloo, J.-P. Didier fit plusieurs voyages dans quelques-uns de nos départemens et en Italie.

Au second retour, les Bourbons aînés ne se montraient pas plus sages qu'avant leur fuite en Belgique, et J.-P. Didier s'était éloigné d'eux. — Peut-être aussi y avait-il en lui quelque affection qui l'éloignait de ces princes, quelque espérance plus conforme à ses penchans politiques.

Quoiqu'il en soit, une *Société de l'Indépendance nationale* s'était formée à Paris dans le but de conspirer contre les Bourbons aînés. Cette société comptait dix-sept *commissaires extraordinaires* dont la mission était d'organiser un soulèvement dans les départemens : J.-P. Didier fut un de ces commissaires, et ses voyages dans la Drôme, les Hautes-Alpes, l'Isère et le Rhône, relevèrent de la conspiration.

Il fut le directeur du mouvement qui éclata à Lyon au mois de janvier 1816.

Assez heureux pour échapper aux recherches dont il était l'objet, et ne se décourageant point, il se ménagea des intelligences avec les insurgés du Lyonnais, afin que s'il parvenait à s'emparer de Grenoble, il pût marcher sur Lyon avec plus de chances de succès et y former un gouvernement provisoire.

On a prétendu, à l'époque de l'événement, que ce gouvernement provisoire devait se composer de Lafayette, généralissime des gardes nationales du royaume, président ; du duc de Choiseul-Stainville ; de Dupont (de l'Eure) ; du général Gérard, aujourd'hui maréchal de France et commandant en chef la garde nationale de Paris, et de J.-P. Didier.

L'insurrection de Grenoble eut lieu dans la nuit du 4 au 5 mai. — J.-P. Didier se cacha pendant trois jours dans les environs de la ville, pour favoriser la fuite de ses partisans, et se sauva ensuite en Piémont. — Vendu, il fut arrêté par la gendarmerie sarde, conduit à Turin, puis ramené à Grenoble. — Jugé et condamné, il fut exécuté le 11 juillet.

Quelques jours avant de mourir il avait écrit la lettre suivante.

« On me permet, mes chers enfans, de
« vous écrire, et j'en rends grâce au ciel.
« Je dois d'abord vous assurer que le bon
« Dieu m'a beaucoup protégé dans mes
« derniers momens. J'ai été malade après
« notre entrevue, et j'ai eu le bonheur
« d'offrir à Jésus-Christ, mon sauveur,
« toutes mes souffrances ; jetons-nous, mes
« amis, dans les bras de la Providence.
« Vous connaissez toutes mes recomman-
« dations ; j'en ai une plus particulière à

« vous faire. Je vous supplie d'y avoir
« égard : c'est de vous éloigner. Digne
« mère, aie soin de tes enfans si chéris, si
« faits pour l'être, mes enfans, ayez soin de
« votre mère, consolez notre *Louis*. Qu'il
« embrasse aussi avec ferveur notre sainte
« religion, et, comme je l'ai dit, qu'un
« grand malheur soit la conservation du
« christianisme dans notre famille. Adieu,
« mes enfans ; éloignez-vous, je vous en
« conjure. Je prierai ce soir M. Toscan de
« vous faire connaître mon vœu. Don-
« nez-moi cette dernière preuve de votre
« attachement. Priez Dieu pour moi.

« DIDIER. »

Le 7 juin 1846.

« Soyez assurés que je mourrai sans au-
« cun ressentiment, pardonnant de cœur à
« tous ceux qui m'ont fait du mal. Adieu,
« tous mes enfans, petits-enfans, chers
« gendres ; pardonnez-moi, tous mes pa-
« rens, les chagrins que je vous cause.

« D..... »

NOTES

RELATIVES A CE QUI PRÉCÈDE.

—

C'est par la Patte-d'Oie, entre onze heures et minuit, par une nuit très obscure, que l'attaque de J.-P. Didier a eu lieu. — La Patte-d'Oie est un rond-point hors les glacis, qui réunit l'avenue de la porte de Beaune à la porte Très-Cloitres, et conduit à Ebens et Vizille. — C'est à ce rond-point que les premiers coups de fusils ont été tirés. — La légion de l'Isère, opposée à J.-P. Didier, ne voulait pas tirer : c'est le capitaine de grenadiers Friol qui, ayant pris le fusil d'un grenadier, a fait feu, menacé, enlevé sa compagnie, mis la déroute parmi les partisans de J.-P. Didier qui était à la tête des siens. — Les insurgés venaient de La Mure, La Frey, Vizille, vallée de la Romanche, Bourg-d'Oisans et des lieux entre ces communes et Grenoble.— J. P. Didier était à cheval et en habit de général. —En se sauvant il a perdu son chapeau, qu'on a retrouvé le lendemain au matin sur la route d'Ebens. — L'affaire étant perdue, les conjurés se sont retirés chez eux, et Didier a fait sa retraite par Eybens, Herbeys, Theys, Allevard et Montmélian. C'est près de cette dernière ville qu'il avait une retraite assurée, où il n'aurait jamais été découvert s'il n'avait été trahi (1).

Guillot, de La Mure, ancien professeur au Lycée de Grenoble (frère de Guillot, ancien élève de l'Ecole polytechnique, qui commandait l'attaque sous les ordres de J.-P. Didier), fut tué sur le pont à la sortie de la porte de Beaune qu'il venait attaquer à la tête de l'avant-garde des insurgés. — Il fut tué par le capitaine Friol qui avait été son élève au lycée. — Cet

(1) Note de M. le comte de C.

fficier est aujourd'hui colonel d'un régiment d'infanterie (1).

J.-P. Didier fut guillotiné sur la place Grenette. — On avait déployé un grand appareil de forces, parce qu'on craignait une tentative d'enlèvement. — Le jour de l'exécution, on fit des efforts pour arracher à Didier des aveux qu'il refusa de faire ; et comme le procureur - général (Achard de Germane) le tenait trop longtemps, il lui dit, mais sans impatience : « Je n'ai rien à vous dire ; permettez-moi de déjeuner. » — Son repas fait, il se leva : — « Je suis prêt, » dit-il. — On lui demanda s'il voulait une voiture, il répondit qu'il avait plus de force qu'il n'en fallait pour aller à pied de la maison de justice (place Saint - André) à la place Grenette. — Didier montra un calme, un courage, un héroïsme qui firent une grande impression sur toute la population en pleurs (2).

J.-P. Didier et François-Antoine-Joseph Ollivier, conseiller à la Cour de cassation, avaient épousé les deux sœurs, mesdemoi-

(1) Note de M. T. P., avocat.
(2) Note de M. le comte de C.

selles Drevon. — Madame veuve Didier est morte à Oullins, près de Lyon, le 13 septembre 1840. — Son dernier fils, M. Simon Didier, lui a préparé l'épitaphe suivante :

Ci-gît Claudine-Rosalie Drevon
Veuve de paul Didier
Epouse et mère admirable
femme forte et excellente
douée de toutes les vertus énergiques et douces
de la suavité de la femme et des qualités viriles
Elle portait tout le monde dans son cœur, et toutes
ses actions dans la voie des désirs les plus purs
Priez pour elle
Toujours son ame suivant la pente douce prise
dans ce monde et continuée dans l'éternité
priera pour le bien universel

Un *de profondis* (1).

J.-P. Didier a eu quatre enfans : — *Louis,* — *Rosalie,* — *Pauline,* — *Simon.*

Louis, homme d'un vrai mérite, auditeur au Conseil-d'État en 1810, sous-préfet de Grenoble en 1811, préfet des Basses Alpes

(1) Note de M. Simon Didier.

pendant les Cent-Jours, subit un an de prison préventive après la mort de son père.—*Louis* étant sans fortune, M. Flory père, Grenoblais, banquier, régent de la banque de France, un des amis de J.-P. Didier et de sa famille, lui confia la direction de la maison de commerce qu'il avait établie à Rouen pour l'échange des huiles provenant du Nord contre les savons de Marseille. — M. Flory lui fit épouser la fille de son architecte, M. Gueden, mariage qui lui donna une vingtaine de mille francs de rente. — Lors de la révolution de 1830, il était encore à la tête de la maison de Rouen. — Appelé à la Préfecture de la Somme, il ne tarda pas à être nommé conseiller d'état et secrétaire général du ministère de l'intérieur. — Il est mort, il y a quelques années et a laissé plusieurs enfans.

Rosalie épousa M. Fluchaire aîné, avocat à Grenoble. — Après la révolution de 1830, M. Fluchaire aîné fut nommé procureur-général à Montpellier, où il est mort.

Pauline a été mariée à M. Fluchaire jeune, négociant à Lyon. — Après les trois jours, M. Fluchaire jeune a été nommé à la recette particulière de Montélimart (Drôme).

Simon (1).

Madame de Montalivet est censée née de M. de Saint-Germain. En Dauphiné, on la croit fille de Louis XV, et l'on raconte que ce prince dit un jour à M. de Saint-Germain, fermier-général, qui n'avait point de famille : « Je veux vous donner une charmante enfant », et qu'elle fut baptisée sous le nom qu'elle porte. — M. de Saint-Germain fut guillotiné pendant la révolution, et sa fille épousa, au retonr des premières campagnes d'Italie, M. Bachasson de Montalivet, que, plus tard, l'empereur éleva si haut — M. de Montalivet et sa femme revinrent à Paris, alors que J.-P. Didier avait son cabinet de consultations ; ils lui confièrent le soin de réclamer la fortune de M. de Saint-Germain. — C'est de cette époque que date l'espèce d'intimité qui exista entre MM. de Montalivet et J.-P. Didier (2).

J.-P. Didier était lié avec son compatriote Bourguignon-Dumolard, qui fut mi-

(1) Note de MM. le comte de C. et Simon.
(2) Note de M. le comte de C.

nistre de la police. Bourguignon-Dumolard l'avait mis en rapport avec Cochon, Sotin, et les bureaux du ministère de la police; ce fut lui qui le fit connaître à Fouché. — C'est à la faveur de ces relations qu'il obtint les radiations dont il tira sa fortune (1).

Voici la liste des pensions accordées depuis 1830, à des complices de Didier, à leurs veuves ou à leurs enfans, telle qu'elle a été donnée par la *Gazette du Dauphiné* du 23 juillet 1844.

GRENOBLE.

François Achard.	120 fr.
Veuve Baffert, née Faure.	600
Pierre Debourdeaux.	120
Jean-Pierre Gerin.	360
Anne Hoste, femme Chapon.	180
François Reynier.	1,000
Pierre Richard.	120

VIZILLE.

Veuve Monnet.	300
Veuve Brucos.	180

(1) Note de M. le comte de C.

Veuve Charvet. 600
Mury. 300
Louis Paulin. 130
François Ribaud. 60
Madeleine Ribaud. 60
Marie Ribaud, femme Collet. 60

A Vizille encore, le sieur Durand a reçu une somme assez ronde, mais il est sans pension.

EYBENS.

Veuve Angelier, née Genève. 400
Pierre Ravanat. 400
Pierre-Marie Robelin. 240

LA MURE.

Veuve Allard. 600
Noël Allard. 180
Veuve Buisson, née Paulin. . 300
Mlle Rosalie. 300
Claude Miard. 180
Veuve Maurin, née Selme. . 400

ÉCHIROLLES.

Veuve Buisson, née Finet. . . 300
Claudine Piot, femme Bayard. 60

Madeleine Piot. 60
Jeanneton Piot. 60
Antoine Piot. 60
Adelaïde Piot. 60

QUAIX

Veuve Brun , femme du *Dro-
madaire.* 400

(Mme Brun, veuve du commandant de
ce nom, est morte il y a quelques mois.)

Veuve Galle. 120
David - Laure. 120
Joseph Marcelat. 130

VOIRON.

Pierre Tercinet. 180

LEMPS.

Jean-Baptiste Couturier. . . 120
Joseph Drevon. 240
Mathieu Rondel. 240

VIGNIEU.

Pierre Rigoud. 120

CHALEYSSIN.

Pierre Thibaudier. 400

VARCES.

Veuve Arnaud, femme Dondey   400
Veuve Carlet, femme Besson.   400
Veuve Anselle , née Gaude. .   120
Veuve Falque.   120
Jean-Baptiste Hoste.   120

VENISSIEUX.

Jean Garampon.   24
Mariette Garampon.   24
Catherine Garampon.   24
Marie Garampon.   24
Louis Garampon.   24
Louis Labaume.   180

MEYRIEUX

Joseph Morel. 120

LA COTE SAINT-ANDRÉ.

Hubert Sirand.   300

LES COTES D'AREY.

Saint-Jean de Cairet. 180

SEREZIN.

Antoine Baral. 180

LIVET.

André Bellin. 180
Jean Bellin. 180
Louise Bellin, femme Rambaud 120

TORCHEFELON.

Claude Biessy. 120

VILLARD-BONNOT.

Baptiste Blanc. 120

VAUX EN VELIN.

Jean Champeau. 180

SAINT-SÉBASTIEN DE CORDÉAC

David père. 400

SAINT-BARTHELEMY DE SÉCHILIENNE.

Veuve Fiat-Galle, née Peyraud   300

SAINT-JEAN DE VAUX.

Les trois enfans d'Antoine Ribaud jouissent entre eux de
pension de.   180
donnée à leur père, après
1830. . . .   .   .

SAINT-BARTHÉLEMY.

Camille Gauthier , officier su-
périeur en retraite, reçoit
une pension de.   800
que par acte il a cédée à
Étienne Muzet.

Total des pensions annuelles
accordées dans le département de l'Isère aux complices de Didier. . . . . . .13,610 fr.

EXTRAIT DE NOTES

SUR

J.-P. DIDIER,

PAR M. SIMON DIDIER.

—

Mon père s'adressait, en 1816, à un peuple insurrectionnel qui voulait un changement d'autorité. — Je m'expliquerai : Le peuple était insurrectionnel : deux événemens l'entrainaient : — L'accueil général fait à Napoléon revenant de l'île-d'Elbe et qui trouva, dit-on, une conspiration toute prête à Paris;—l'armée d'occupation des troupes étrangères, pour contenir la France dans une subordination sévère au gouvernement.

Pourquoi le peuple insurrectionnel ?

Louis XVIII revenait avec la Charte : — il voulait donc épargner au peuple toute crainte d'un despotisme semblable à celui de l'Empire, — et dans le naufrage de l'indépendance nationale, donner la liberté.

Il était habile de saisir ce bénéfice : car toutes les libertés sont sœurs : la liberté politique devait amener chez un grand peuple l'indépendance nationale.

Mon père qui n'a jamais entravé un début gouvernemental, ni exploité une autorité, dût accueillir la restauration.....

On insinua dans les esprits que l'auteur de la Charte conspirait contre son ouvrage, qu'il n'y avait point d'alliance possible entre le peuple et la branche aînée.

Talleyrand déclara que *les princes de cette branche n'avaient rien oublié ni rien appris*. Ce bon mot fit fortune.

On prétendit que la branche aînée livrait la France à l'étranger qui l'avait ramenée......

· Ces propos répandus à dessein, joints au chagrin que causait l'abaissement national disposaient le peuple à l'insurrection. Il ne faut pas oublier que de nombreuses contributions étaient levées pour payer l'invasion ; qu'il y avait misère, mauvaise saison, faute des gouvernans, exigence de leurs amis ; qu'on criait de toutes parts à la trahison.

Et puis la transition était difficile : — On personnifiait dans Napoléon, la gloire des armes et la puissance gouvernementale ; on ridiculisait Louis XVIII dans ses actes et dans sa personne.

L'intrigue du ***, augmentait encore les causes d'insurrection en 1816.

Mon père élevé par un curé, son oncle, se trouva, en 1789, religieux, libéral, monarchique. Il devint organisateur pacifique par les notions du christianisme.

Comme libéral, il fut satisfait de l'esprit nouveau.

Comme religieux et monarchique, il combattit la révolution.

Aussi le voit-on réclamant le périlleux honneur de défendre la tête de Louis XVI à la Convention, écrivant une protestation contre le jugement de ce prince, cherchant à confédérer les départemens du midi au siège de Lyon, enfin rejoignant l'émigration.

Il rentre après le 9 thermidor, se fait une fortune dans son cabinet de consultations pour les émigrés, accueille le début de Bonaparte. Il est bien avec Portalis et les hommes de ce temps ; mais dominé par un système, il publie le *Retour à la religion,* loue avec ferveur un régime pacifique jusqu'à déplaire au Consul. C'était du courage de vouloir mettre fin à la guerre en présence de Bonaparte.

Le regret de la mort du roi se fait remarquer jusque dans son salon orné de tableaux représentant les persécutions de Charles Ier. Ma mère partageant ses sentimens, parle avec chagrin de Louis XVI. — Ma sœur ainée me montrait sur une de ces toiles, le personnage de Cromwel. — Elle me dit que mon père avait promis aux Bourbons de n'accepter aucune place sous un gouvernement autre que le leur.

Ces souvenirs d'enfance me sont présens.

— Evidemment mon père méditait quelque grande chose.

Ses écrits, sa conduite, ses discours montrent qu'il distinguait la société d'avec le gouvernement ; les intérêts du pupile d'avec ceux du tuteur.....

Il donne d'autant plus volontiers une place à part à la restauration..... c'est la même intrigue qui, par une analogie singulière, a poursuivi la France, la Restauration, la mémoire de mon père et moi.

Dans ce temps-ci elle démoralise la France, se sert de l'agiotage industriel pour augmenter l'agiotage politique, la mauvaise police pour tuer la grande industrie, l'esprit d'association, l'organisation sociale.....

Mon père, par instinct organisateur, s'est toujours voué au parti social.....

Tout son crédit a été employé à des établissemens utiles. Le gouvernement lui concéda l'ouverture d'une route de communication entre la France et l'Italie, la fondation dans Grenoble, d'une école de droit, d'une école d'artillerie, et plusieurs décrets pour opérer le dessèchement des marais situés entre Lyon et Bourgoin.

Cette grande entreprise rendit à l'agriculture 20,000 arpens d'excellentes terres.

On doit à mon père le canal d'irrigation de Pierre-Latte et l'exploitation des mines de fer, de plomb et d'argent situées dans les Alpes auprès de sa propriété.

Les désastres de Russie le trouvèrent appliqué à la grande industrie qui semble réservée à notre époque.

Le déclin de la puissance de Napoléon dérangea la fortune de mon père, dont les entreprises exigeaient les subventions d'un gouvernement libéral envers l'industrie.

Un document qui contribuera à fixer l'interprétation des événemens généraux de notre époque, dit beaucoup sur M. Didier.

Peuchet, homme estimé, l'archiviste même de la police, qui devait tout savoir, ou personne n'a jamais rien su, a fait sortir la vérité du sein de l'asile du mystère dont il tenait la clé.

Je ferai une observation : Peuchet n'émet pas une opinion personnelle, il fait un rapport ; plan, pièces, titres, documens nombreux tous concordans, il les donne ; il ne dit pas ce qu'il croit, mais bien ce qu'il sait. Ce qu'il raconte est plein d'analogie avec tous les faits, avec la logique de ces faits : c'est l'union de la vérité la moins contestable à la vraisemblancé la plus évidente.

Ici, M. Simon Didier commente différens passages de l'écrit de Didier ; nous supprimons toute cette partie de ses notes, notre intention étant de donner dans notre deuxième livraison de la première partie le texte même de Peuchet.

Mon père ne pouvait nommer le *** dans ses proclamations. Cette imprudence aurait obligé le *** a passer les frontières, en supposant qu'il en eût eu le temps.

Quand on s'adresse à un peuple insurrectionnel, on ne peut répondre des moyens, des instrumens, des noms propres.....

Un chef peut annoncer dans un comité révolutionnaire les nouvelles qu'il convient de répandre ; il peut distribuer des imprimés qui se chargent de tout dire, non semer lui-même de faux bruits ; ce serait se rendre caution.

La conspiration est de la diplomatie transcendante. Tout le monde, depuis 1789, a conspiré, tant l'époque est transitoire et commande fatalement aux esprits.

LETTRES DE M. BARGINET

(DE GRENOBLE).

Lorque nous publiâmes, mon ami Germain Sarrut et moi, dans notre *Biographie des Hommes du jour*, une notice sur M. Berryer, nous écrivîmes à M. le général Donadieu pour le prier de nous autosiser à prendre copie d'une lettre qui lui avait été adressée par M. Barginet (de Grenoble), lettre que le général avait déposée chez un notaire.

M. le général Donadieu nous envoya l'autorisation demandée, et nous écrivit :

...... « Je souhaite que ce document
« vous serve pour faire connaître la vérité
« sur une des circonstances les plus impor-
« tantes de notre époque, et surtout le rôle
« que chacun y a joué, *la part que chacun*

« *a pu prendre dans le sang qui a été versé*
« *dans cette triste et douloureuse crise.* »

Voici cette lettre :

A MONSIEUR LE GÉNÉRAL DONADIEU.

18 septembre 1837.

Monsieur le général,

C'est seulement depuis hier que j'ai connais-
sance de la lettre que vous avez adressée au
journal LE BON SENS, le 10 de ce mois : je res-
pecte trop en vous une infortune que j'ai
éprouvée moi-même, pour rendre publique la
réclamation que je vais avoir l'honneur de
vous soumettre.

Je regrette que vos souvenirs vous aient
mal servi dans le passage de cette lettre, où
vous faites allusion à la part que j'ai prise à la
déplorable insurrection de 1816, et où vous
faites en quelque sorte un appel à mon témoi-
gnage. Ce n'est point dans une lettre que j'ai
eu l'occasion de rappeler les tristes événemens qui viennent encore de donner lieu à

une polémique d'autant plus malheureuse, qu'elle est exercée par des écrivains qui ignorent absolument les événemens dont ils s'occupent, mais à propos d'un compte-rendu de votre ouvrage, intitulé : *De l'Homme et de l'état actuel de la société*. Cet article a été inséré dans LE MESSAGER du 18 mars 1833. Je n'ai pu faire l'*aveu*, dans ce documeut, que j'étais un des principaux fauteurs de l'insurrection. J'avais alors dix-huit ans, et à cet âge on suit une impulsion bonne ou mauvaise, mais on ne la donne pas. Je n'y dis point non plus que j'ai été alors *spécialement chargé de me défaire de vous ;* seulement je parle comme d'une circonstance possible d'un acte de violence de ma part dirigé contre vous, en rappelant à mon souvenir le caractère dont vous étiez revêtu à mes yeux et la violente exaltation de mes idées. Le fait est que la pensée de frapper en vous le représentant d'un système exécré m'a souvent alors préoccupé, et je remercie Dieu de n'avoir pas imposé cette triste renommée à ma jeunesse.

Maintenant, monsieur le général, permettez-moi de revenir encore sur ces douloureux souvenirs, mais sous un point de vue qui n'est point du domaine polémique, dont je crois, sur

mon honneur et ma conscience, que vous avez
à vous plaindre. J'ai cru long-temps que le
secret des événemens de 1816 vous était connu ; la position dans laquelle vous êtes aujour-
d'hui me prouve que je m'étais singulièrement
trompé. Si parmi les hommes du pouvoir, à
cette époque, il y a un coupable, évidemment
ce n'est pas vous. Dépositaire d'un pouvoir
presque absolu, vous avez agi, dans les limites
de votre mandat, avec une rigueur que vous
avez cru nécessaire. S'il y a là un motif de
reproche, c'est, je crois, le seul qu'on puisse
diriger contre vous.

Voici pourquoi : c'est que les débats publics
du procès du malheureux Didier n'ont nulle-
ment présenté, sous leur véritable jour, l'événement désastreux dont il est mort victime.
J'avais eu occasion de connaître ce personnage
en 1815, à Paris, durant les Cent-Jours, et je
lui servis alors de secrétaire. J'eus nécessai-
rement des relations avec lui, en 1816, lorsqu'il vint dans nos contrées mettre à exécution
un projet dont les *principaux fauteurs igno-
raient le véritable but*. Ce que j'écris là,
monsieur le général, c'est de l'histoire. Pour
remuer nos patriotiques populations des mon-
tagnes, on fut obligé d'évoquer tour à tour les

souvenirs de la République et ceux de Napoléon, alors encore si palpitans dans un pays qu'une année seulement auparavant, ce grand homme avait traversé en triomphateur. Mais il ne s'agissait ni de la République ni de Napoléon. Le caractère bien connu du monarchique Didier s'oppose à cette explication du complot.

Mais quelle est donc la vérité ? Il n'y a plus en France que trois hommes qui la connaissent, puisque vous n'êtes pas de ce nombre. Il y a un de ces hommes qui gardera ce secret aussi fidèlement que la tombe où repose Didier, et cet homme, c'est moi. Quant aux deux autres, je n'ai point à m'en occuper. Il m'importe peu qu'ils n'apprécient pas, dans la haute position où ils sont placés, une discrétion que je crois utile, ne fût-ce que pour prouver que l'ambition personnelle n'est pas toujours le seul mobile des hommes qui se jettent avec leur conscience dans les mouvemens révolutionnaires, et celui de 1816 en était un, grand, national, digne d'une issue plus glorieuse.

Je serai heureux, monsieur le général, que cette loyale déclaration qui m'est dictée par mon amour pour la vérité, adoucisse l'amertume du chagrin que doivent vous causer les accusations exagérées dont vous êtes l'objet. Cette déclaration ne peut être suspecte ni à vos yeux, ni à ceux de vos amis; elle vient d'un homme entièrement dévoué à la dynastie régnante, parce qu'elle a été appelée par la Providence à fermer réellement l'abîme du passé et à harmonier dans la vie sociale de l'Europe le principe sacré de notre grande révolution. Je dois ajouter que mon dévoûment à la royauté de juillet est entièrement consciencieux et libre, car je ne tiens d'elle aucun de ces grands bienfaits, aucune de ces faveurs qui s'accumulent sur les fidélités d'apparat. Avant la révolution de juillet, j'étais pauvre et je vivais de mes travaux littéraires ; aujourd'hui je suis encore plus pauvre, si cela est possible, car j'ai de moins l'espérance et l'énergie de ces belles années que je ne me repens pas, même au prix de mes infortunes, d'avoir consacrées à la sainte cause de la liberté.

J'ai l'honneur d'être, etc.

BARGINET (de Grenoble).

Certifié véritable, signé et déposé pour minute à Me Druet, suivant acte reçu par son collègue et lui, notaires à Paris soussignés.

Le neuf mars mil huit cent trente-huit.

L'HUILIER DE L'ETANG
(neveu du général Donadieu).

DRUET, BERCEON.

Avant de publier cette lettre, je crus devoir prévenir M. Barginet de l'emploi que nous nous proposions d'en faire. Il avait quitté Paris, et ce fut de Grenoble qu'il me répondit :

Grenoble, ce 20 mars, 1839.

Mon cher Saint-Edme,

Obligé de partir tout-à-coup et pour des in-térêts privés, quoique je fusse encore souffrant de la goutte, il m'a été impossible de vous voir et de vous aviser de mon départ. Ma femme me fait parvenir votre lettre du 15 ; je vous remercie de la sollicitude que vous me témoignez dans cette circonstance; mais il me semble que si la publication de ma lettre pouvait m'être nuisible, le mal serait fait maintenant, et je n'aurais aucun moyen de me mettre à l'abri.

Un homme raisonnable et surtout un homme d'honneur ne doit rien écrire légèrement; ce que j'ai écrit au général Donadieu est encore l'expression fidèle de mon opinion; je crois me rappeler que je l'autorisai à se servir de ma lettre, et je ne puis ni me plaindre, ni désapprouver sa publication. Seulement ma lettre est indivisible, et je n'aurais le droit de blamer l'usage qu'on croit devoir en faire, que dans le cas où elle n'aurait pas été publiée *in extenso*. A cet égard, mon cher Saint-Edme, je ne doute pas qu'en vous servant de ce document, vous ne vous soyiez rappelé votre affection pour moi, et que vous n'ayiez compris de quelle importance il était pour moi qu'il parût là entier. C'était d'ailleurs de la justice.

Mon retour à Paris est très prochain, je l'espère; malgré un reste de mauvaise humeur qui règne dans votre lettre, j'irai vous voir à mon arrivée. En attendant, comme j'apprécie l'avis que vous avez bien voulu me donner, croyez, mon cher Saint-Edme, à la sincérité et à la continuité de ma vieille affection.

Tout à vous,

BARGINET.

Cette seconde lettre venant à l'appui de la première, il m'a semblé indispensable de la rapporter ici :

Le 29 Août 1841.

SAINT-EDME.